Adam et Eve dans le Paradis terrestre.

ABÉCÉDAIRE

A L'USAGE

DES ÉCOLES CHRÉTIENNES,

OU

LEÇONS DE LECTURE

TIRÉES DE L'HISTOIRE SAINTE.

AVEC DES GRAVURES COLORIÉES.

SECONDE ÉDITION.

A PARIS,

A LA LIBRAIRIE D'ÉDUCATION

De Pierre Blanchard, Palais-Royal, galerie de bois, n° 249.

1813.

A	B
C	D
E	F

G	H
IJ	K
L	M

N	O
P	Q
R	S

T	U
V	X
Y	Z

a b c d

e f g h

i j k l

m n o p

q r s t

u v x y z.

(8)

a	*b*	*c*	*d*
e	*f*	*g*	*h*
i	*j*	*k*	*l*
m	*n*	*o*	*p*
q	*r*	*s*	*t*
u	*v*	*x*	*y*	*z.*

A B C D

E F G H

I J K L

M N O P

Q R S T

U V X Y Z.

Lettres doubles et liées ensemble.

æ	œ	fi	ffi
fi	ffi	fl	ffl
ff	fb	fl	ff
ct	ft	w	&.

æ	œ	fi	ffi
fi	ffi	fl	ffl
ff	fb	fl	ff
ct	ft	w	&.

a	e	i	ou	y	o	u
ba	be	bi			bo	bu
ca	ce	ci			co	cu
da	de	di			do	du
fa	fe	fi			fo	fu
ga	ge	gi			go	gu
ha	he	hi			ho	hu
ja	je	ji			jo	ju
ka	ke	ki			ko	ku
la	le	li			lo	lu

ma	me	mi	mo	mu
na	ne	ni	no	nu
pa	pe	pi	po	pu
qua	que	qui	quo	qu
ra	re	ri	ro	ru
sa	se	si	so	su
ta	te	ti	to	tu
va	ve	vi	vo	vu
xa	xe	xi	xo	xu
za	ze	zi	zo	zu

Mots faciles à épeler.

A mi, mi di, jo li, a me, lu ne, ra ve, ca ve.

I ma ge, ro se, ma-da me, mes da mes, ma ro be, mes ro bes.

Mon, ton, son, pas, sel, bec, sec, van, sac, pot, or, cor.

Pa pa, ma man, mon pè re, ma mè re,

pe tit en fant, les petits en fans.

Vin, bon vin, bon pain, bel le main, le pont, la ver du re.

Bien, mien, mienne, le sien, la sien ne, la nuit, le puits.

Le chat, le chien, le che val, les chevaux, l'â ne, la vache, le pe tit veau, le mou ton.

Mots plus difficiles à épeler.

L'a gneau, le ros si gnol, la gran ge, le flam beau, mon grand pè re.

Moi, loi, le roi, boi re, je bois quand j'ai soif.

Soin, foin, a voi ne, poil, joi e, une oie.

Mon bras, un ar bre, un clou, du drap pour fai re un ha bit.

Rai sin, ma ga sin, ha sard, choi sir, po ser.

Des sus, des sous, pas ser, pous ser.

Zè le, zig zag, onze, douze, le nez, exer ci ce, examen, deu xiè me, les oi seaux, une per drix.

Moy en, pays, pay san, ab bay e, les yeux.

Pu ni tion, in ven tion.

Phi lo so phe, Jo seph.

Fil le, quil le, co quil le, meil leur, oseil le, cueil lir, vieil lard, vi eil les se.

Feuil le, cer feuil, so leil, l'œil, un œil let.

Qui, que, quoi, quel que, le quel, quand, co quin, co que, queu e, cro quet.

VOYELLES ACCENTUÉES.

Accent aigu (´).

É té, é co le, ré pé té, ai-mé, porté.

Accent grave (`).

Pè re, mè re, suc cès, ac-cès, mi sè re.

Accent circonflexe (^).

Pâ te, pâ té, tê te, mê me, gî te, cô te, cô té, dô me, flû te.

Tréma (¨)

Ha ïr, na ïf, na ï ve, Ca ïn, Si na ï, Sa ül, ci guë, pa ro le am bi guë.

ç cédille.

Gar çon, fa çon, fran çois, le çon, for çat, fa ça de.

LEÇONS A LIRE COURAMMENT.

CRÉATION DU MONDE.

Dieu a créé le monde en six jours. Le premier jour il forma le ciel et la terre, et ensuite la lumière; le second jour il créa le firmament, qu'il appela ciel; le troisième jour il sépara l'eau et la terre, et fit produire à la terre toutes les plantes; le quatrième jour il créa le soleil, la lune et les étoiles; le cinquième il créa les oiseaux dans l'air et les poissons dans la mer; le sixième il forma les animaux terrestres, et créa l'homme à son image; il se reposa le septième jour.

ADAM ET ÈVE DANS LE PARADIS TERRESTRE.

Le premier homme eut nom *Adam*. Dieu lui donna pour compagne la femme, et il institua le mariage. Cette première femme fut nommée *Eve*. Dieu les plaça dans le paradis terrestre, qui étoit un jardin délicieux; il leur permit de manger toutes sortes de fruits, excepté de ceux de l'arbre de la science du bien et du mal.

PÉCHÉ DU PREMIER HOMME.

Le premier homme et la première femme pouvoient vivre heureux : malheureusement ils désobéirent à Dieu.

Le serpent, poussé par le démon ou l'esprit malin, persuada à Ève de manger du fruit défendu, et celle-ci en offrit à son mari, qui en mangea comme elle.

Pour les punir, Dieu les chassa du paradis terrestre, les réduisit à un état fort misérable, et les assujettit aux incommodités et à la mort.

Leurs enfans naquirent dans la misère et le péché : Caïn tua son frère Abel par envie de sa vertu. Les enfans de Caïn furent méchans. Adam eut un autre fils nommé Seth, dont les descendans conservèrent la crainte de Dieu ; mais ils s'allièrent avec les méchans et se corrompirent de sorte que Dieu résolut de faire périr tous les hommes dans un déluge universel.

LE DÉLUGE.

Il n'y eut parmi les hommes que Noé, descendu de Seth, qui trouva grâce devant Dieu. Le Seigneur lui commanda

Le Déluge.

Sacrifice d'Abraham.

de construire une arche, c'est-à-dire un vaisseau carré et couvert, en forme de coffre, assez grand pour contenir une double paire de chaque espèce d'animaux. Quand il fut entré avec sa famille, Dieu fit tomber pendant quarante jours et quarante nuits une pluie épouvantable, accompagnée de débordemens de la mer, en sorte que toute la terre fût couverte d'eau. Tous les hommes et tous les animaux furent noyés.

Noé, sa femme, ses trois fils et leurs femmes, furent les seuls humains préservés de cette destruction. Ce fut par eux que le monde fut repeuplé après le déluge.

ABRAHAM.

Les hommes redevinrent méchans comme auparavant. Abraham sut néanmoins se préserver de la corruption générale ; Dieu le choisit pour faire alliance avec lui. Il lui promit de le rendre père d'un peuple innombrable, et de bénir, en sa race, toutes les nations de la terre. Pour marque de cette alliance il lui ordonna de se faire circoncire, et lui donna un fils, qui fut nommé Isaac. Il voulut ensuite connoître jusqu'où alloit la foi de son serviteur, et lui commanda de sacrifier ce fils unique. Abraham n'hésita point ; il prit son fils, se rendit avec lui sur une montagne, éleva un bûcher, et dit à Isaac de se placer dessus : il alloit l'immoler, lorsque Dieu, satisfait de son obéissance, envoya un ange pour arrêter son bras.

Isaac fut père de Jacob, aussi nommé Israël. Jacob eut douze fils, qui furent les douze patriarches, pères des douze tribus qui composèrent le peuple d'Israël.

Joseph vendu par ses frères.

Moyse donnant la table des loix.

JOSEPH VENDU PAR SES FRÈRES.

Joseph, l'un des fils de Jacob, excita l'envie de ses frères par ses vertus et par l'amour que lui portoit son père. Ces hommes méchans, pour se venger, vendirent Joseph, qui fut mené en Egypte et réduit en esclavage.

Mais Dieu ne l'abandonna pas; il le tira de l'abaissement pour l'élever jusqu'auprès du trône : Joseph devint le favori et le ministre du roi. Comme il étoit vraiment vertueux, il n'oublia point sa famille; il la fit venir en Egypte pendant une cruelle famine, et combla de bienfaits ses frères qui l'avoient vendu comme un esclave.

LA SERVITUDE D'ÉGYPTE.

Les douze fils de Jacob, établis en Egypte, y moururent, et leurs enfans y multiplièrent prodigieusement. Un roi de ce pays, craignant qu'ils ne devinssent trop puissans, les chargea de travaux pénibles, et voulut même faire périr tous leurs enfans mâles. Mais Dieu eut pitié de son peuple, et envoya, pour le délivrer, Moïse, descendu de Lévi, avec son frère Aaron. Ils vinrent trouver le roi, et lui commandèrent, de la part de Dieu, de laisser aller son peuple. Ce prince refusa plusieurs fois d'obéir. Moïse, à qui Dieu avoit donné un pouvoir surnaturel, affligea l'Egypte de plusieurs fléaux, et contraignit, par ce moyen, le roi à laisser partir les Israélites.

PASSAGE DE LA MER ROUGE.

A peine les Israélites étoient-ils hors des mains de Pharaon, que ce prince se repentit de leur avoir rendu la liberté : il assembla ses sujets, forma une armée à la hâte, et se mit à la poursuite des Hébreux. Ceux-ci se voyant prêts à retomber dans l'esclavage, et se trouvant alors sur les bords de la mer qui leur opposoit une barrière, se mirent à murmurer. Moïse, que Dieu assistoit, étendit sa main sur la mer, et les eaux, se divisant et s'élevant des deux côtés comme un grand mur, laissèrent libre le chemin par où les Israélites s'empressèrent de passer.

Un si grand miracle n'épouvanta pas les Egyptiens; ils continuèrent leur poursuite : mais à peine étoiententrés dans la mer, que les eaux se rejoignirent et les noyèrent tous avec leur roi.

LES TABLES DE LA LOI.

Dieu, ayant délivré les Hébreux, les mena dans un grand désert où il les nourrit pendant quarante ans. Dès le commencement du voyage ils arrivèrent au mont Sinaï, où il leur donna sa loi le cinquantième jour après la Pâque. Ils virent la montagne tout en feu et couverte d'un nuage épais, d'où sortoient des éclairs, des tonnerres et un bruit comme de trompettes, et ils entendirent une voix qui dit : 1. Je suis le Seigneur ton Dieu, qui t'ai tiré de la servitude d'Egypte ; tu n'auras point d'autres dieux devant moi ; tu ne feras point d'idole, ni aucune figure pour l'adorer. 2. Tu ne prendras point le nom du Seigneur ton Dieu en vain. 3. Souviens-toi de sanctifier le repos du septième jour. 4. Honore ton père et ta mère, afin que tu vives long-temps sur la terre promise. 5. Tu ne tueras point. 6. Tu ne commettras point d'adultère. 7. Tu ne déroberas point. 8. Tu ne porteras point de faux témoignages contre ton prochain. 9. Tu ne desireras point la femme de ton prochain. 10. Tu ne desireras point les biens de ton prochain.

Dieu donna à Moïse ces dix commandemens écrits sur des tables de pierre.

DU MESSIE.

Après quarante ans les Israélites entrèrent dans la terre promise, que l'on nommoit le pays de Chanaan. Ils furent long-temps gouvernés par des juges; ils eurent ensuite des rois. Le premier fut Saül, le second David, et le troisième Salomon, qui fit bâtir le temple.

Dieu révéla à David que de sa postérité viendroit le *Messie*, ou Sauveur du monde. Les prophètes répétèrent plusieurs fois cette heureuse nouvelle.

NAISSANCE DE JÉSUS-CHRIST.

Ce fut au temps que Hérode régnoit en Judée, que Marie, de la race de David, et qui avoit résolu de demeurer vierge, fut avertie par l'ange Gabriel qu'elle mettroit au monde, par l'opération du Saint-Esprit, le Messie ou Christ, promis depuis si long-temps à la terre. Alors le fils de Dieu, le verbe qui étoit en Dieu au commencement et qui étoit Dieu comme son père, se fit chair, c'est-à-dire qu'il devint homme comme nous,

Naissance de Jésus.

Crucifiement.

prenant véritablement un corps et une ame au sein de la sainte Vierge.

Marie et Joseph, son époux, furent obligés d'aller à Bethléem, ville de Judée, et de loger dans une étable ; ce fut là que naquit ce saint enfant, qui fut circoncis au bout de huit jours, et nommé Jésus, c'est-à-dire Sauveur.

PRÉDICATION DE JÉSUS-CHRIST.

Jésus-christ consentit à vivre obscurément près de Joseph et de Marie pendant l'espace de trente années. Ce ne fut qu'après avoir reçu le baptême de Jean, fils de Zacharie, qu'il commença à enseigner la vérité aux hommes. Il appela à lui quatre pêcheurs du lac de Génésareth, André et Simon frères, et deux autres frères, Jacques et Jean, enfans de Zébédée. Il appela d'autres personnes ensuite, particulièrement un publicain et un receveur des impôts, nommé Mathieu. Ils quittoient tout pour le suivre; de manière qu'il eut bientôt un grand nombre de disciples. Il en choisit douze parmi eux, qu'il nomma apôtres ou envoyés, parce qu'il les envoya prêcher sa doctrine.

Il alla avec eux, par les villes et les villages, prêchant partout l'évangile du royaume des cieux, c'est-à-dire la bonne nouvelle, que le temps étoit venu où tous les hommes étoient appelés à la connoissance de Dieu; qu'il étoit le Messie ou le Christ. Pour montrer qu'il parloit de la part de Dieu, il faisoit une infinité de miracles; il guérissoit toutes sortes de maladies en un moment et d'une parole.

PASSION DE JÉSUS-CHRIST.

Tandis qu'une foule de monde suivoit Jésus-Christ, les Scribes et les Pharisiens, dont il reprenoit les vices, devinrent ses ennemis, et cherchèrent à le perdre. Les Scribes étoient les docteurs des Juifs, et les Pharisiens étoient ceux qui prétendoient observer la loi mieux que les autres. Ils le dénoncèrent comme un séditieux qui tâchoit de renverser toutes les lois. Il fut pris par une troupe de gens armés, et mené devant Caïphe, le souverain pontife. Celui-ci le condamna à mort d'après de faux témoignages. On le conduisit ensuite chez Ponce-Pilate, qui gouvernoit la Judée pour les Romains. Pilate, trouvant Jésus innocent, chercha plusieurs moyens pour le délivrer. Là, Jésus fut fouetté; puis couronné d'épines par les soldats, en dérision de ce qu'il se disoit roi des Juifs.

Pilate condamna enfin Jésus, quoiqu'à regret, et le fit conduire, chargé de sa croix, en un lieu nommé Golgotha ou Calvaire. Jésus fut crucifié entre deux voleurs, et satisfit ainsi pleinement à la justice de Dieu pour les péchés de tous les hommes.

Après sa mort quelques-uns de ses disciples embaumèrent son corps et le mirent dans un sépulcre. Il en sortit vivant et glorieux le troisième jour

LEÇONS DE LECTURE LATINE.

Oraison Dominicale.

Pater noster, qui es in cœlis, sanctificetur nomen tuum, adveniat regnum tuum, fiat voluntas tua, sicut in cœlo et in terra : panem nostrum quotidianum da nobis hodie; et dimitte nobis debita nostra, sicut et nos dimittimus debitoribus nostris, et ne nos inducas in tentationem; sed libera nos à malo. Amen.

Salutation Angélique.

Ave Maria, gratiâ plena; dominus tecum, benedicta tu in mulieribus, et benedictus fructus ventris tui Jesus. Sancta Maria, Mater Dei, ora pro nobis peccatoribus, nunc et in horâ mortis nostræ. Amen.

Profession de foi.

Credo in Deum Patrem omnipotentem, Creatorem cœli et terræ, et in Jesum Christum Filium ejus unicum Dominum nostrum, qui conceptus est de Spiritu Sancto, natus ex Mariá Virgine, passus sub Pontio Pilato, crucifixus, mortuus et sepultus : descendit ad inferos, tertiá die resurrexit à mortuis, ascendit ad cœlos, sedet ad dexteram Dei Patris omnipotentis, indè venturus est judicare vivos et mortuos. Credo in Spiritum Sanctum, sanctam Ecclesiam catholicam, Sanctotorum Communionem, remissionem peccatorum, carnis resurrectionem, vitam æternam. Amen.

Chiffres arabes et romains.

un	1	I.
deux	2	II.
trois	3	III.
quatre	4	IV.
cinq	5	V.
six	6	VI.
sept	7	VII.
huit	8	VIII.
neuf	9	IX.
dix	10	X.
onze	11	XI.
douze	12	XII.
treize	13	XIII.
quatorze	14	XIV.
quinze	15	XV.
seize	16	XVI.
dix-sept	17	XVII.
dix-huit	18	XVIII.
dix-neuf	19	XIX.
vingt	20	XX.
trente	30	XXX.
quarante	40	XL.
cinquante	50	L.
soixante	60	LX.
soixante-dix	70	LXX.

www.ingramcontent.com/pod-product-compliance
Lightning Source LLC
Chambersburg PA
CBHW061003050426
42453CB00009B/1235